Geschenke verpacken

Geschenke verpacken

Inhalt

Vorwort

Ein Geschenk wird durch seine Verpackung erst zum eigentlichen Geschenk. Vor allem ein eher schmuckloses Präsent erhält durch seine Verpackung das besondere „Outfit", das die Blicke auf sich zieht und neugierig auf den Inhalt macht.

Die Art der Verpackung kann man dabei ganz individuell auf den Inhalt des Päckchens oder den Beschenkten abstimmen. Für ein Hochzeitspaar gibt es genauso eine passende Geschenkverpackung wie für den Weltenbummler, der für einige Monate in die Fremde zieht, oder den Gartenfreund mit grünem Daumen.

Je nach Anlass, ob für ein Fest im Jahreslauf, als großes Präsent oder einfach nur als kleines Mitbringsel – dieses Buch enthält eine große Auswahl an dekorativen Verpackungsideen für Ihr ganz persönliches Geschenk – von einfach und lustig bis hin zu edel und ausgefallen.

Wir wünschen Ihnen viel Freude beim Verpacken und Verschenken!

Materialien und Werkzeuge

Geschenke verpacken ist keine Kunst. Aus wenigen Materialien und mit ein paar einfachen Werkzeugen machen Sie aus jedem Geschenk etwas Besonderes. Welche Grundausstattung Sie brauchen und wie Sie mit den Vorlagen in diesem Buch arbeiten, lesen Sie hier.

Die Auswahl an Verpackungsmaterialien ist groß. Ob Geschenkpapier, das mit einer einfachen oder ausgefallenen Schleife verziert wird, oder selbst gemachte Tüten und Geschenkschachteln, die eine kleine Überraschung enthalten – jedes Geschenk bekommt so eine persönliche Note. Wer möchte, kann sein Präsent auch in dekorativen Dosen oder speziellen Verpackungen für Flaschen und jahreszeitliche Ideen verschenken.

Zum Verpacken der Geschenke gibt es im Handel eine große Auswahl an Geschenkpapieren. Suchen Sie sich hier das schönste aus. Unsere Papiere sind nur Vorschläge. Relativ verbindlich sind die Angaben zu einfarbigen Papieren und bestimmten Kartonarten, wie zum Beispiel Tonpapier und -karton oder bestimmte Folien. Im Einzelfall ist angegeben, welche Papiere und Folien Sie brauchen.

Wenn Sie wollen, können Sie auch auf einfaches Packpapier oder Tapetenreste zurückgreifen, je nach Anlass. Besonders reizvoll ist es, Papier selbst zu gestalten, indem Sie es bemalen, bestempeln oder bekleben.

MATERIAL:

Zum Basteln unserer Geschenkverpackungen brauchen Sie folgendes Grundmaterial:

- Papierschere oder Cutter
- Bleistift
- Lineal
- transparenter Klebefilm
- Klebestift
- Heißklebepistole mit Klebepatronen
- ggf. Falzbein (für Faltschachteln und Tütchen)
- ggf. Kopierpapier zum Abpausen der Vorlagen

SCHLEIFEN, BÄNDER UND KORDELN

Zu fast jedem Geschenk wird ein passendes Band verwendet. Geschenk- und Schleifenbänder sind in großer Auswahl erhältlich – von ganz schmal bis breit, von einfarbig bis bunt gemustert und glitzernd. Sehr beliebt sind dünne Satinbänder und die so genannten Ringelbänder, die man mit der Schere spiralförmig zwirbeln kann. Zum Einschneiden der Ringelbänder gibt es einen Fransenschneider, mit dem die Bänder in hauchdünne Streifen geschnitten werden. Wer möchte, kann Päckchen oder Flaschen auch mit dekorativen Kordeln umwickeln und die Enden mit Troddeln schmücken.

SONSTIGE ACCESSOIRES

Zum weiteren Verzieren der Geschenke brauchen Sie Glassteine, Knöpfe, Motivstanzer und -stempel, verschiedene Naturmaterialien wie Blüten, Zweige und Gewürze, filigrane Tortenspitzen aus Papier, Zuckerdekor und vieles mehr. Ihrer Fantasie sind bei der Auswahl von weiteren Anhängern und Accessoires keine Grenzen gesetzt.

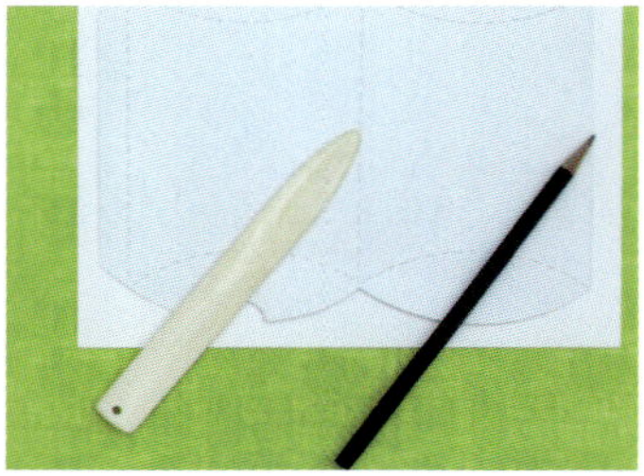

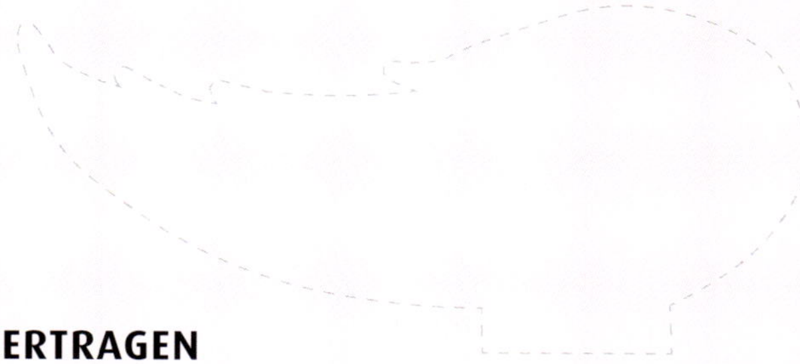

VORLAGEN ÜBERTRAGEN

Die Vorlagen im hinteren Teil des Buches können Sie mit Kopierpapier und Bleistift aus dem Buch abnehmen und auf das entsprechende Material übertragen. Sie können aber auch eine Fotokopie davon machen (je nach Angabe die Vorlage vergrößern) und die Vorlage danach ausschneiden. Nach Bedarf lassen sich die Vorlagen natürlich vergrößern oder verkleinern.

TIPP

Besonders schönes, hochwertiges Geschenkpapier und edle Textilbänder, die bereits als Verpackung im Einsatz waren, lassen sich wiederverwenden, wenn sie auf geringer Stufe vorsichtig gebügelt werden. Textilbänder sollten vor dem Bügeln mit etwas Wasser besprüht werden. Es ist empfehlenswert, besonders feine oder bedruckte Geschenkpapiere vor dem Bügeln mit einem trockenen Geschirrtuch abzudecken. So vermeidet man, dass sich eine eventuelle Beschichtung löst.

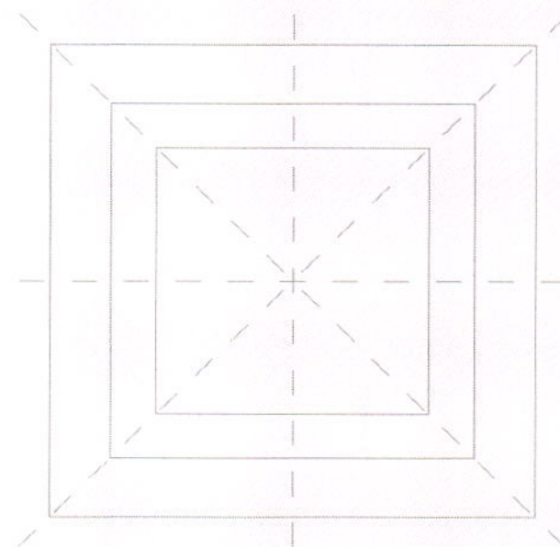

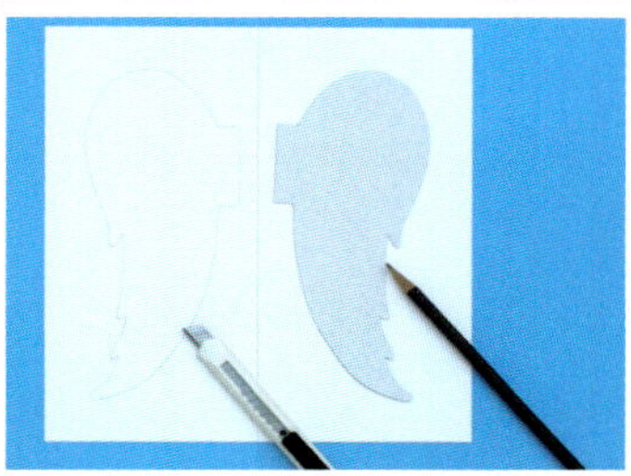

Kleine und große Freuden

Ganz gleich, ob Sie ein kleines Überraschungspräsent oder ein großes Geschenk überreichen möchten – mit einer individuellen Verpackung wird es noch wertvoller.

Flott gepunktet

Sie sind zu einer Party eingeladen und müssen im Büro schnell noch ein Mitbringsel verpacken? Keine Sorge, im Büro finden Sie alles, um aus einer alten eine schicke Schachtel zu machen.

- Mit dem Locher weiße Punkte aus dem Papierrest stanzen. Die übrigen Utensilien bereitlegen.
- Die Dose rot, den Deckel pink bemalen. Die Farbe gut trocknen lassen.
- Die Seite des Deckels rundum längs mit Streifen vom Korrekturband bekleben. Die Seite der Dose und die Oberseite des Deckels mit den ausgestanzten weißen Punkten bekleben.

MATERIAL:

- 1 runde Dose aus Pappmaschee
- Papierrest in Weiß
- Korrekturband
- Acrylfarbe in Rot und Pink
- Pinsel
- Locher
- Klebestift
- Schere

TIPP

Die Dose mit einem Kosmetiktuch ausschlagen, mit farblich passenden Pralinen oder anderen Leckereien füllen – fertig ist das Last-Minute-Geschenk!

Kunterbunte Knopfparade

Mit Streifenpapier und ein paar bunten Knöpfen, die sich in jedem Haushalt finden, ziehen Sie Ihrem Geschenk ein fröhliches Kleid an. Der oder die Beschenkte wird bestimmt Knopfaugen machen!

➔ Das Geschenk in das Geschenkpapier einpacken, mit Klebefilm fixieren. Knöpfe, Nadel und Faden bereitlegen.

➔ Einen größeren Knopf mit Nadel und Faden im oberen Drittel mittig auf das Geschenkpapier nähen.

➔ Die anderen Knöpfe mit der Heißklebepistole auf allen Seiten des Geschenks ankleben. Die weiße Kordel um den angenähten Knopf binden, von dort aus zweimal der Länge nach um das Geschenk legen und mit einer Schleife zubinden. Die Kordelenden auf die passende Länge abschneiden.

MATERIAL:

- festeres Geschenkpapier mit Streifen
- Knöpfe in verschiedenen Größen und Farben
- Kordel in Weiß
- Nadel
- Faden
- Heißklebepistole mit Patronen
- Klebefilm
- Schere

Einfach spitze

Mit einem Tortendeckchen und Farbspray lassen sich ganz tolle Positiv-Negativ-Effekte erzielen. Gestalten Sie ein Geschenkpapier, das es so nur einmal gibt!

- Das Papier auf die passende Größe zurechtschneiden und die Tortenspitze darauflegen. Das Papier und die Tortenspitze mit der Farbe besprühen, danach gut trocknen lassen.
- Die eingefärbte Tortenspitze wie abgebildet zu einem Sträußchen falten und den „Stiel" an das Geschenkband knoten.
- Das Geschenk in das besprühte Papier einpacken, mit Klebefilm fixieren. Das Geschenkband diagonal um eine Ecke binden, sodass das Sträußchen oben liegt, und verknoten. Die Bandenden schräg einkürzen.

MATERIAL:

- 1 Tortenspitze mit Blumendekor
- festes Geschenkpapier in Pink
- Sprühfarbe in Gelb
- Geschenkband in Pink
- Schere
- Klebefilm

TIPP

Sie können auch Schablonen verwenden, um ein Muster auf einfarbiges Papier zu sprühen, etwa die Kleeblätter von S. 122.

Schnelle Streifen mit Schleifen

Oje, das Geschenkpapier ist alle! Kein Problem – bemalen Sie einfach ein weißes Blatt Papier mit bunten Filzstiften. Mit Bändern in kräftigen Farben wird daraus ein echter Hingucker.

- ➔ Mit den Filzstiften der Länge nach bunte Streifen auf das Papier malen. Sie müssen nicht gerade sein.
- ➔ Das Geschenk in das gestreifte Papier einwickeln, das breite Band der Länge nach darumbinden und verknoten.
- ➔ Die beiden dünnen Bänder einmal quer um das Geschenk legen und zusammen mit dem breiten Band eine große Schleife binden.

MATERIAL:

- festes weißes Papier (Größe passend zum Geschenk)
- dicke Filzstifte in verschiedenen Farben
- breites Geschenkband
- 2 dünne Geschenkbänder (passend zu den Farben der Filzstifte)
- Schere

TIPP

Lassen Sie Ihr Kind das Papier bemalen – die fröhlich-bunte, selbst gemachte Verpackung kommt beim Kindergeburtstag garantiert gut an!

Blumenvase einmal anders

Es ist immer dasselbe – beim Krankenbesuch wie auf der Party: Wohin auf die Schnelle mit dem Blumenstrauß? Überreichen Sie ihn doch einfach in einem farblich passenden Getränkekarton!

➔ Das obere Ende des Getränkekartons mit dem Cutter rundherum abschneiden.

➔ Mit dem Cutter zwei Schlitze in der Breite des Geschenkbandes in zwei gegenüberliegende Seiten des Getränkekartons schneiden. Den Karton auf die Mitte des Geschenkbandes stellen, das Band an beiden Kartonseiten entlang nach oben führen und von außen nach innen durch die beiden Schlitze ziehen.

➔ Die Blumenstiele in nasses Küchenpapier und anschließend in Alufolie einwickeln. Den Strauß in den Getränkekarton stellen und die Bandenden über dem Strauß zu einer großen Schleife zusammenbinden.

MATERIAL:

- 1 leerer Getränkekarton (mind. 1 l)
- Blumenstrauß
- breites transparentes Geschenkband in passender Farbe
- Küchenpapier
- Alufolie
- Cutter

TIPP

Mit dieser originellen Idee ist der Blumenstrauß für den Anfang gut aufgehoben und der Gastgeber kann sich erst einmal um seine Gäste kümmern. Nach einer Stunde gehören die Blumen aber in eine richtige Vase mit Wasser.

大関
のものも
500
清酒

Die Krönung: Pompon-Schleifen

Nicht nur länglichen Geschenken setzt eine bauschige Pompon-Schleife die Krone auf. Eine Verzierung, die viel hermacht und leichter gebastelt ist, als man denkt.

- → Die breiten Bänder ca. achtmal zu großen Schlaufen um vier Finger wickeln, dann in der Mitte beidseitig zwei kleine Dreiecke herausschneiden.
- → Um die so entstandene „Taille" jeweils ein schmales Band legen und festknoten.
- → Die Schlaufen mit Daumen und Zeigefinger der einen Hand straff ziehen, mit der anderen eine Schlaufe nach der anderen von innen herausziehen, dabei die Schlaufe jeweils einmal um die eigenen Achse drehen.

MATERIAL:

- 2 breite, lange Geschenkbänder
- 2 schmale Geschenkbänder in Kontrastfarbe oder passender Farbe
- Schere

TIPP

Eine hübsche Dose oder Schachtel mit aufgeklebten Pompon macht später auch im Regal eine gute Figur.

Geschenkband aus dem Reißwolf

Sie müssen schnell noch im Büro ein Geschenk verpacken, haben aber kein Geschenkband parat? Macht nichts: Einfach Geschenkpapier durch den Aktenvernichter jagen und fertig!

➔ Das hellgrüne und das türkisfarbene Geschenkpapier in lange Bahnen schneiden und im Aktenvernichter schreddern.

➔ Das Geschenk in das lilafarbene Papier einwickeln, mit Klebestreifen fixieren. Aus den Papierbändern eine lockere Schleife binden und diese auf das Geschenk kleben.

➔ Eventuell ein weiteres Geschenk verpacken und das geschredderte Papier als „Nest" darumlegen.

MATERIAL:

- Geschenkpapier in Lila, Türkis und Hellgrün
- Aktenvernichter
- Schere
- Klebefilm
- Kleber

TIPP

Geschredderte Papierstreifen eignen sich auch gut als duftiger Tischschmuck oder fröhliche Zimmerdekoration für die Faschingsfete.

Schön in Schale geworfen

Mit Serviettentechnik wird aus einer unscheinbaren Eierschachtel im Handumdrehen ein schmuckes Kästchen. Wer hätte gedacht, dass Recycling so schön sein kann!

➔ Die auf dem Eierkarton aufgedruckte Schrift mit dem Messer oder Cutter vorsichtig abkratzen.

➔ Aus der Serviette die gewünschten Motive ausschneiden. Dann die oberste, bedruckte Lage abziehen. Die restlichen Lagen werden nicht mehr benötigt.

➔ Den Eierkarton an den gewünschten Stellen mit Kleber einstreichen, die Serviettenmotive sehr vorsichtig aufbringen und diese nochmals üppig mit Kleber bestreichen. An einer Stelle etwas Streuflitter darüberstreuen. Gut trocknen lassen.

MATERIAL:

- 1 farbiger Eierkarton
- 1 Motivserviette
- Streuflitter in Gold
- Messer oder Cutter
- Schere
- Kleber für Serviettentechnik
- Pinsel

TIPP

Den so dekorierten Eierkarton können Sie mit Pralinen oder ähnlichen Köstlichkeiten füllen. Darüber freuen sich große und kleine Naschkatzen!

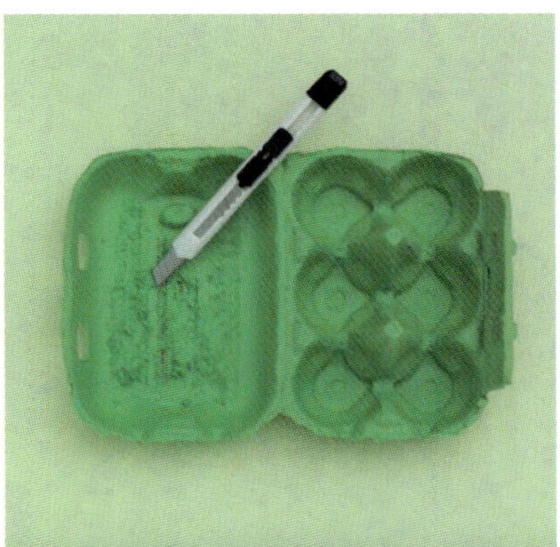

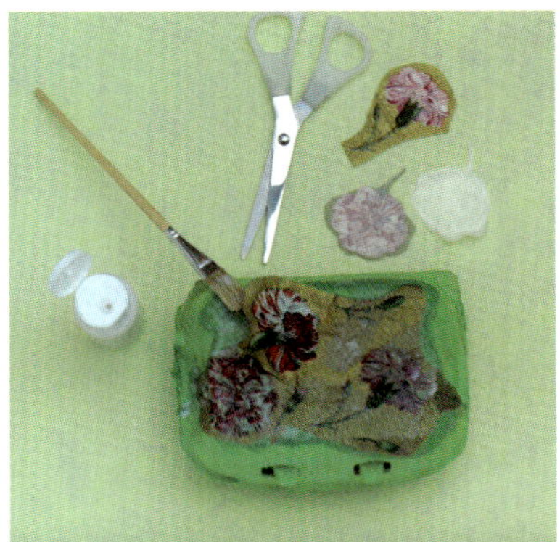

Edle Verhüllungskunst

Wer sagt, dass Geschenke in Papier verpackt werden müssen? Kleiden Sie Ihr Präsent doch einmal in edlen Stoff und verschaffen Sie ihm so einen glänzenden Auftritt!

➔ Die beiden gleich großen Stoffstücke und das Stoffband bereitlegen. Die Stoffränder können gerissen sein, dann aber herausstehende Fäden abschneiden.

➔ Den Stoff in Rosa und den Stoff in Pink versetzt übereinanderlegen, darauf in die Mitte die Schachtel stellen.

➔ Die vier Ecken der Stoffstücke nach oben zusammennehmen. Das apricotfarbene Stoffband herumlegen und mit einer großen Schleife festbinden. Die überstehenden Stoffenden in Rosa und Pink falls nötig etwas auseinanderziehen.

MATERIAL:

- 1 hohe sechseckige oder rollenförmige Schachtel (z. B. Pralinenschachtel)
- 2 gleich große quadratische Stoffstücke in Pink und Rosa (transparent gebügelt)
- 1 Stoffband in Apricot
- Schere

TIPP

Stöbern Sie in Ihrer Kiste mit Stoffresten – fast jeder eignet sich als Geschenkpapierersatz für Geschenke aller Art, Form und Größe.

Vorsicht! Scharf!

Knallrote Chilis auf dunklem Grund: Dieses Geschenk ist nichts für Leute mit schwachen Nerven! Liebhaber der scharfen Küche oder von spannenden Thrillern aber kommen hier garantiert auf ihre Kosten.

→ Das Geschenk, z. B. ein Buch, Papier, Bänder und Chilischoten bereitlegen.

→ Das Geschenk in Geschenkpapier einpacken, mit einem Streifen Klebefilm auf der Rückseite fixieren. Mehrere Chilischoten paarweise an den roten Bast knoten.

→ Das schwarze Geschenkband über Kreuz um die Verpackung legen und eine Schleife binden. Das rote Chili-Band am schwarzen Band befestigen und mit diesem zusammenbinden.

MATERIAL:

- Geschenkpapier in Anthrazit
- breites Geschenkband in Schwarz
- Raffia-Bast in Rot
- Milde Chilischoten
- Schere
- Klebefilm

TIPP

Variieren Sie die Farbzusammenstellung. Wie wäre es mit einer feuerroten Verpackung und grünen Chilischoten?

Frühlingsgruß mit Tulpe

Frühlingsgefühle kommen auf, wenn diese stattliche Tulpe ihren Blütenkelch öffnet. Ganz einfach aus Geschenkpapier gefertigt, stiehlt sie echten Blumen fast die Schau.

- ➔ Bleistift, Cutter, Schere, Klebefilm und die beiden Geschenkpapiere bereitlegen.
- ➔ Die Vorlage für die Tulpe kopieren und ausschneiden. Auf die Rückseite des blauen Papiers legen und den Rand mit Bleistift umfahren. Die beiden Falzlinien in der Mitte aufzeichnen. Mit dem Cutter die Umrisse bis zu den Falzlinien ausschneiden.
- ➔ Das Papier an den Falzlinien vorsichtig falzen, damit die Tulpe oben und unten nicht einreißt. Das blaue Papier auf das rote legen, sodass die Tulpe außen ist und das darunterliegende rote Papier sichtbar wird.
- ➔ Das Geschenk so in das doppelte Papier einpacken, dass sich die Klapptulpe oben in der Mitte befindet. Die Tulpe dafür ggf. etwas andrücken und nach dem Einpacken wieder auffalten. Das Geschenkband herumbinden, mit einer Schleife verschließen und die Bandenden zackenförmig einschneiden.

MATERIAL:

- 2 feste Geschenkpapiere in Kontrastfarben (z. B. Blau und Rot)
- breites Geschenkband in dritter Kontrastfarbe
- Bleistift
- Cutter
- Schere
- Klebefilm

VORLAGE S. 118

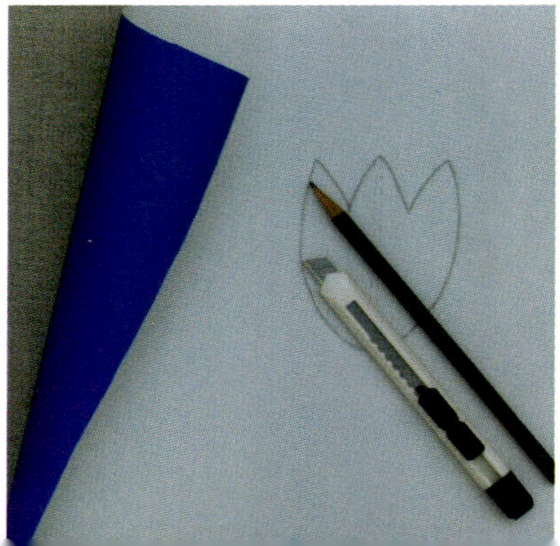

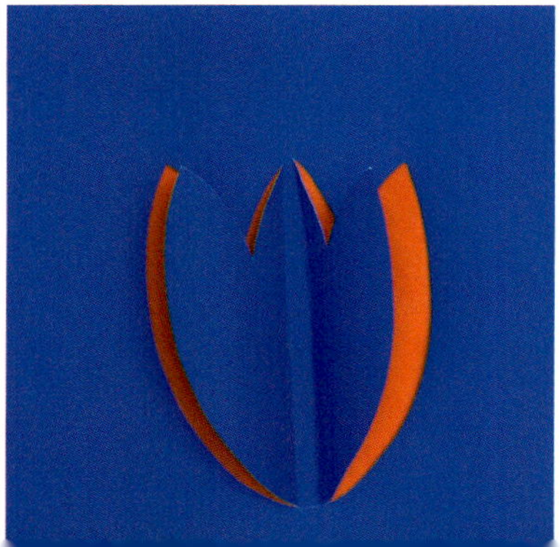

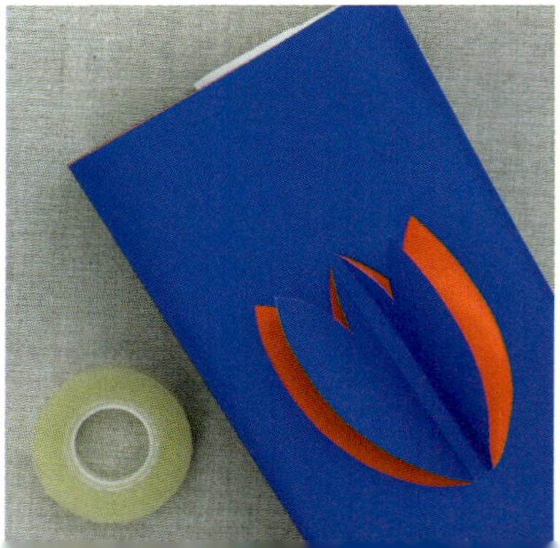

Ein nobles Paar: Samt und Klunker

Papier in sattem Lila, eine tiefrote Samtschleife und glitzernde Deko-Kristalle verwandeln jedes noch so kleine Geschenk in ein gediegenes Präsent, das seinesgleichen sucht.

➔ Geschenkpapier, Samtband, Deko-Kristalle, Silbergarn und das Zubehör bereitlegen. Die Deko-Kristalle auf Silbergarn auffädeln.

➔ Das Geschenk in das Geschenkpapier einpacken, mit Klebefilm fixieren. Das Samtband über Kreuz herumlegen und einmal verknoten.

➔ Die aufgefädelten Deko-Kristalle am Silbergarn so an das Geschenkband knoten, dass sie unterschiedlich lang herunterhängen.

MATERIAL:

- Geschenkpapier in Lila
- Samtband in Rot
- dünnes Silbergarn
- Deko-Kristalle mit Loch
- Schere
- Klebefilm

TIPP

Mit dieser einfachen, aber sehr effektvollen Verpackung lassen sich wunderbar modische Accessoires, z. B. Schals und Tücher, verschenken.

Originelle Mottogeschenke

Ob Glücksbringer für einen Freund,
nette Aufmerksamkeit zum Einzug,
kulinarisches Mitbringsel oder andere kleine Freuden:
Hier hat jedes Geschenk das gewisse Etwas!

Überraschung für Glückspilze

In einer selbst gebastelten Flachbox sind zerbrechliche Geschenke bestens aufgehoben. Die fröhlichen Pilze wünschen dem Beschenkten „Viel Glück!"

➔ Die Vorlage für die Faltschachtel kopieren und ausschneiden. Auf den Fotokarton legen, den Rand mit Bleistift umfahren und die Faltkanten mit Bleistift aufzeichnen. Ausschneiden und an den Faltkanten vorsichtig mit dem Falzbein falzen.

➔ Mit Filzstiften Fliegenpilze in verschiedenen Größen auf das Kartonteil malen.

➔ Die Faltschachtel an der langen, schmalen Klebelasche zusammenkleben, gut trocknen lassen und an den seitlichen Falzkanten zu einer Schachtel falten. Die Schachtel über Kreuz mit dem Geschenkband umwickeln und mit einer Schleife zubinden, dabei die Deko-Fliegenpilze an den Drähten miteinbinden.

MATERIAL:

- Fotokarton in Weiß, A5
- schmales Geschenkband in Tannengrün
- kleine Deko-Fliegenpilze am Draht
- Falzbein
- Bleistift
- Klebestift
- Schere
- Filzstifte in Rot und Dunkelgrün

VORLAGE S. 119/120

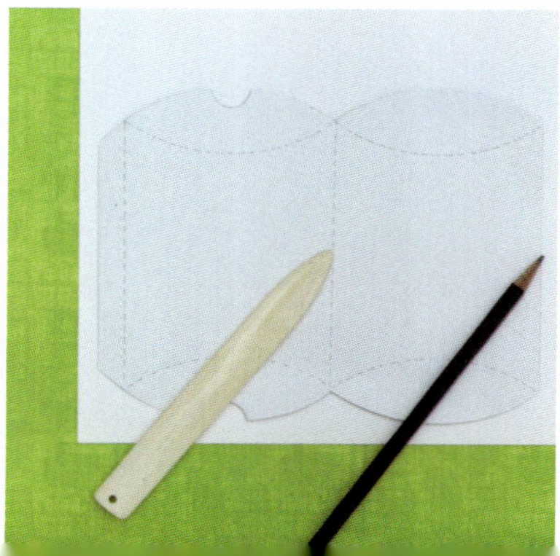

Gute Besserung!

Mit dieser himmlischen Verpackung lassen sich besonders gut Genesungswünsche überbringen, auf dass der Beschenkte sich bald wieder beflügelt vom Krankenbett erhebt.

➔ Die Vorlage für die Engelsflügel kopieren und ausschneiden. Die Schablone auf das Tonpapier legen und den Rand mit Bleistift umfahren. Die Schablone seitenverkehrt auflegen und nochmals mit Bleistift umfahren. Die Falzkante bei beiden Flügeln einzeichnen. Die beiden Flügel mit dem Cutter ausschneiden und die Falzkanten mit dem Falzbein nach hinten falzen.

➔ Das Geschenk in das weiße Geschenkpapier einpacken. Die beiden Flügel an den Falzkanten mit doppelseitigem Klebeband rechts und links auf dem Geschenk befestigen.

➔ Das Röhrchen mit den Zuckerperlen füllen und verschließen.

➔ Das Geschenkband einmal der Länge nach um das Geschenk legen und mit einer Schleife festbinden, dabei das Röhrchen miteinbeziehen.

MATERIAL:

- festes Geschenkpapier in Weiß
- Tonpapier in Weiß
- transparentes Geschenkband in Zartgrün
- Zuckerperlen in Weiß (Backzubehör)
- leeres Röhrchen für Vanilleschoten
- doppelseitiges Klebeband
- Cutter
- Bleistift
- Schere

VORLAGE S. 121

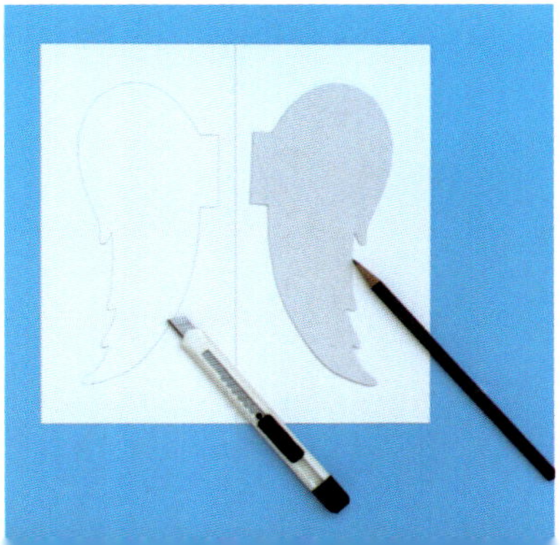

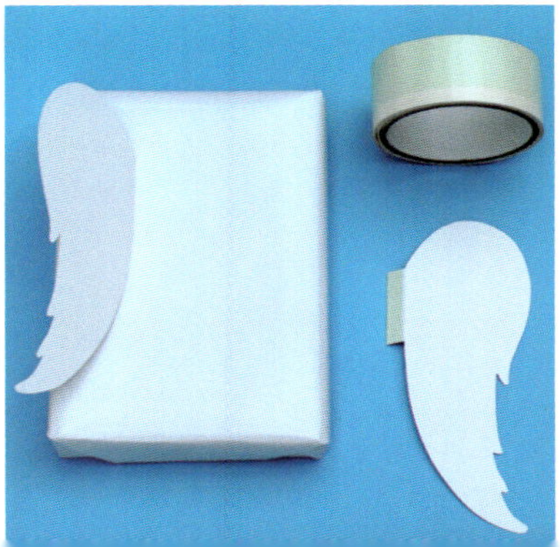

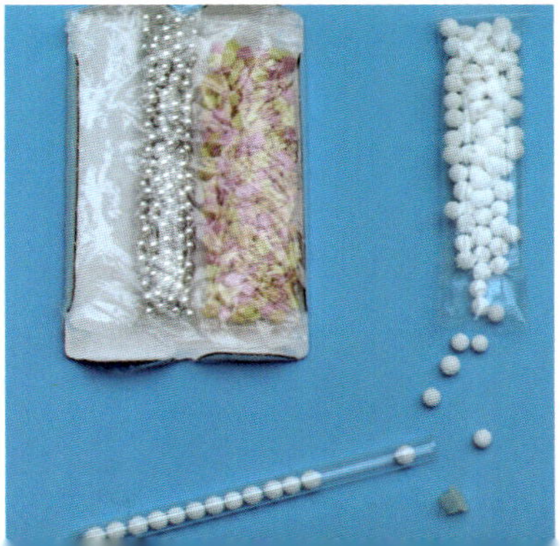

Zarte Blütenträume

Sie verschenken bunte Badekugeln, einzeln verpackte Pralinen oder andere Kostbarkeiten, die zu schön sind, um sie zu verhüllen? Dann setzen Sie sie in einem Arrangement aus durchsichtiger Box und edlen Blüten dekorativ in Szene.

- ➔ Die Wattestäbchen aus der Schachtel nehmen, das Etikett entfernen (falls nötig, Etikettenlöser verwenden). Die Schachtel mit den Badekugeln füllen.
- ➔ Das Geschenkband der Länge nach um die Schachtel legen und mit einer Schleife festbinden.
- ➔ Drei Blüten vorsichtig vom Stiel abnehmen und jeweils eine in ein mit Wasser gefülltes Röhrchen stecken. Die Röhrchen unter das Geschenkband schieben und so am Geschenk fixieren.

MATERIAL:

- 1 leere durchsichtige Schachtel (z.B. von Wattestäbchen)
- Badekugeln in mehreren Farben
- 1 Orchidee mit mehreren Blüten
- 3 kleine Blumenröhrchen (vom Floristen)
- Glitzerband in Violett
- ggf. Etikettenlöser

TIPP

Je nachdem, was Sie auf diese Art verpacken, können Sie auch Rosen, Margeriten oder andere Blüten verwenden.

Ein Kleeblatt kommt selten allein

Kleeblätter aus Holz kombiniert mit grünem Papier und rot-weiß kariertem Geschenkband sind genau das Richtige für Leute, die es rustikal und naturverbunden lieben. Und die einen kleinen Glücksbringer verdient haben.

- Die Geräte und das Material für die Herstellung der Kleeblätter bereitlegen.
- Die Vorlagen für die unterschiedlich großen Kleeblätter kopieren und ausschneiden. Die Schablonen auf das Balsaholzbrettchen legen, den Rand mit Bleistift umfahren. Auf diese Weise drei Kleeblätter aufzeichnen und mit dem Cutter ausschneiden.
- Die Kleeblätter mit der Lochzange einmal am Rand lochen und auf je eine Kordel fädeln. Das Geschenk in Geschenkpapier verpacken, das Karoband über Kreuz herumlegen und mit einer Schleife festbinden. Zuletzt die Kordeln mit den Kleeblättern an das Geschenkband binden.

MATERIAL:

- 1 weiches Balsaholzbrettchen (2 mm)
- festes Geschenkpapier in Hellgrün
- Geschenkband in Rot-Weiß kariert
- 3 dünne Kordelstücke in Rot
- Lochzange
- Bleistift
- Cutter

VORLAGE S. 122

TIPP

Die selbst gebastelten Kleeblätter wissen Heimwerker und Bastler zu schätzen, die ebenfalls gern Hand ans Holz legen.

Einmal umgarnen, bitte!

Manche Geschenke sind so schön, dass man sie am liebsten gar nicht ganz verhüllen möchte. Mit festlichem Stoff und Band wickeln Sie nicht nur das Geschenk ein, sondern auch den Beschenkten mühelos um den Finger.

➔ Das Material bereitlegen. Aus dem Stoffstück ein breites Band schneiden und umbügeln.

➔ Das Band mittig um das Geschenk schlingen, festziehen und mit Klebefilm befestigen.

➔ Das Stoffband mit dem breiten Geschenkband umwickeln, die Nelke durchziehen und verknoten. Das Geschenkband lang herunterhängen lassen.

MATERIAL:

- Stoffstück aus der Restekiste, farblich auf das Geschenk abgestimmt
- passendes Geschenkband
- Zickzackschere oder Schere
- Nelke
- Klebefilm

TIPP

Wenn Sie keinen passenden Stoff zur Hand haben, tut es auch eine schöne Serviette.

Teatime!

Klar und unverfälscht wie eine gute Tasse Tee präsentiert sich dieses Mitbringsel zur Teestunde. Und Sie können darauf wetten, dass der Beschenkte gleich daran schnuppert!

→ Den Tee in eine Tüte füllen und verschließen. Die anderen beiden Tüten jeweils nur zur Hälfte mit Kandis füllen und verschließen.

→ Die beiden Kandistüten nach hinten umklappen und mit einem Streifen Klebefilm verschließen. Die beiden Tüten in der Mitte zusammenkleben, sodass sie zusammen die gleiche Größe haben wie die Teetüte.

→ Die Teetüte auf die Kandistüten legen und alles mit den beiden Geschenkbändern zu einem Päckchen zusammenknoten, dabei das Teemaß einbinden. Die Enden des Geschenkbands herunterhängen lassen.

MATERIAL:

- 3 lebensmittelechte Klarsichttüten in gleicher Größe
- Tee
- brauner und weißer Kandis
- Teemaß
- 2 Stücke Geschenkband in Teefarben
- Schere, Klebefilm

TIPP

Verpacken Sie auf diese Art zwei verschiedene Sorten Tee und binden Sie statt des Teemaßes Kandissticks ein – das sieht besonders lecker aus!

Brot und Salz, Gott erhalt's!

Schon im Alten Rom war es Sitte, zum Einzug in ein neues Heim Brot und Salz zu überreichen und damit den Bewohnern Glück zu wünschen. Beleben Sie diesen alten Brauch mit einer neuen, pfiffigen Verpackungsidee!

➔ Das Brot in das Tuch hüllen, die vier Zipfel zusammennehmen, das breite Geschenkband herumlegen und mit einer großen Schleife zubinden. An den Bandenden jeweils ein großes Dreieck ausschneiden.

➔ Salz in die Salzstreuer füllen und mit den vier schmalen Geschenkbändern die Schlüsselchen an die Salzstreuer binden.

➔ Die Salzstreuer mit den schmalen Bändern am Tuchzipfel unter der großen Schleife festknoten.

MATERIAL:

- kariertes Küchenhandtuch in Blau
- kleine Salzstreuer
- kleine, nicht mehr benötigte Schlüssel
- breites Geschenkband in Rot
- 4 Stücke schmales Geschenkband in Rot

TIPP

Überreichen Sie Ihr Geschenk mit einem alten Spruch: „Solange ihr habt Salz und Brot, bleibt ferne von euch alle Not."

Husch, husch ins Gläschen!

Sie werden kurzfristig zum Essen eingeladen und brauchen noch ein Mitbringsel? Überraschen Sie den Gastgeber doch mit einer selbst zusammengestellten Würzmischung, die einen hübschen Akzent im Gewürzregal setzt.

➔ Glas und Bastfaden bereitlegen, die Gewürze abmessen.

➔ Mit einem größeren Trinkglas einen Kreis auf das Geschenkpapier zeichnen und ausschneiden. Der Durchmesser dieses Glases muss größer sein als das Gewürzglas.

➔ Das ausgeschnittene Papier mit dem Klebestift auf dem Deckel befestigen, den überstehenden Rand seitlich ankleben.

➔ Die Gewürze bis auf die Lorbeerblätter ins Glas füllen und den Deckel aufschrauben. Das Glas mit dem Bastfaden umwickeln und verknoten, dabei die Lorbeerblätter einbinden. Zuletzt eine Schleife binden.

MATERIAL:

- Gewürze, z. B. für Sauerbraten (15 Nelken, 20 Wacholderbeeren, 15 Pimentkörner, 5 getrocknete Lorbeerblätter, 5 TL Senfkörner, 4 TL Pfefferkörner, grobes Salz)
- kleines Glas mit Schraubdeckel
- etwas Bastfaden
- kleines Stück Geschenkpapier in Grün
- Stift
- Schere
- Klebestift

Buon Appetito!

Echte Farfalle und ein Geschenkband in Grün-Weiß-Rot: Damit machen Sie Freunden von Bella Italia garantiert eine Riesenfreude!

- Das Geschenk in das weiße Papier einpacken und mit Klebefilm fixieren. Die Nudeln und die Heißklebepistole bereitlegen.
- Die Nudeln mithilfe der Heißklebepistole rundum dicht auf das Geschenk kleben.
- Die Geschenkbänder zurechtschneiden und übereinanderlegen (das breiteste zuunterst). Die Bänder um das Geschenk legen und zu einer Schleife binden, dabei den Kochlöffel miteinbinden.

MATERIAL:

- festes Geschenkpapier in Weiß
- Schmetterlingsnudeln (Farfalle)
- Geschenkband in Grün, Rot und Weiß in 3 verschiedenen Breiten
- 1 kleiner Kochlöffel
- Klebefilm
- Heißklebepistole mit Klebepatronen

TIPP

Geschenke für Freunde der indischen Küche können Sie mit ganzen Gewürzen wie Sternanis, Zimtstangen, Kardamomkapseln und kleinen Chilischoten bekleben.

Glamour pur: Goldtroddeln

Mit diesen Anhängern aus Goldpapier peppen Sie im Handumdrehen jedes Geschenk auf und verleihen ihm festlichen Glanz. Da können Sie auch einmal auf Geschenkpapier verzichten.

➔ Schere, Klebestift, Lochzange und Goldfolie bereitlegen.

➔ Aus der Goldfolie pro Troddel einen 4 x 8 cm großen Streifen schneiden und diesen an einer Seite im Abstand von ca. 3 mm mit der Schere 3 cm tief einschneiden.

➔ An der nicht eingeschnittenen Seite Klebstoff auftragen und die Folie zusammenrollen. Vorsichtig mit der Lochzange lochen und jeweils ein Stück Kordel durchziehen. Die Kordeln mit den Troddeln dekorativ um das Geschenk, z. B. eine Sektflasche, schlingen und verknoten.

MATERIAL:

- Rest Goldfolie (8 x 8 cm reicht für 2 Troddeln)
- dünne Kordel in Gold
- Schere
- Klebestift
- Lochzange

TIPP

Basteln Sie gleich mehrere Troddeln auf Vorrat. So haben Sie stets eine glänzende Geschenkverzierung.

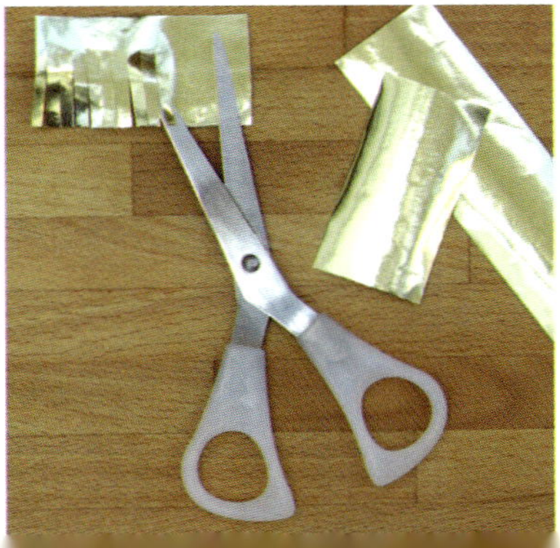

Frische Beeren für edle Tropfen

Ein Mitbringsel für einen Weinliebhaber bekommt eine Extraportion Vitamine, wenn Sie echte Trauben daranhängen. Was könnte besser zu einem edlen Tropfen passen?

- ➔ Seidenpapier, Bast, Buntstifte, Schere, Klebefilm und die Trauben bereitlegen.
- ➔ Weinranken und -blätter mit den Buntstiften auf das Seidenpapier zeichnen.
- ➔ Die Weinflasche darin einpacken, den Bast zweimal um den Flaschenhals schlingen, die Weintraube daranbinden und verknoten. Zuletzt eine Schlaufe binden und die Bandenden mit der Schere kräuseln.

MATERIAL:

- Seidenpapier in Weiß
- Raffia-Bast in Rot
- echte Weintraube mit Stiel
- Buntstifte in Hell- und Dunkelgrün
- Schere
- Klebefilm

TIPP

Auf diese Weise können Sie z. B. auch Johannisbeer- oder Kirschsaft verschenken.

Modisch: Flasche im Jeans-Look

Sind Ihnen gekaufte Flaschentüten zu langweilig? Dann kleiden Sie Ihr Mitbringsel doch mal in trendige Jeans mit tollen Ziernähten. Nicht nur für Fashion-Fans ein tolles Geschenk!

- ➔ Von der Jeans sechs gleich große Stofflappen abschneiden (je ca. 16 x 14 cm). Wenn möglich, Stücke mit unterschiedlicher Auswaschung wählen. Perlgarn, Sisalschnur und Nähnadel bereitlegen.
- ➔ Die Jeanslappen mit dem Perlgarn mit großen Heftstichen so zusammennähen, dass ein ca. 40 x 30 cm großes Stoffstück entsteht.
- ➔ Die Flasche in das große Jeansstück einwickeln und dieses unter dem Flaschenboden mit groben Stichen mit dem Perlgarn zusammennähen. Am Flaschenhals mit einem Stück Sisalschnur und einer Schleife zubinden.

MATERIAL:

- Ausrangierte Jeans
- Sisalschnur
- Perlgarn in Blau
- große Nähnadel
- Schere

TIPP

Wenn Sie statt der Jeanslappen ein abgeschnittenes Jeansbein nehmen, sparen Sie sich das Nähen. Stecken Sie die Flasche in das Hosenbein und binden Sie es oben und unten mit Sisalschnur zu.

Kostbare Blüten

Das bestandene Abitur, die bevorstehende Hochzeitsreise, der Einzug in die neue Wohnung – es gibt viele Anlässe für Geldgeschenke. Die Scheinchen bringen Geldbäume zum Blühen und Augen zum Leuchten.

- ➔ Von den Wollresten Fäden in gleicher Länge abschneiden.
- ➔ Jeden Geldschein zu einem „Schmetterling" falten, einen oder mehrere Wollfäden um die Mitte legen und verknoten.
- ➔ Die gefalteten Scheine mit einer Schleife in die Pflanze binden.

MATERIAL:

- Grünpflanze, z. B. Geldbaum
- Mehrere Banknoten, möglichst wenig geknickt
- Bunte Wollreste
- Schere

TIPP

Für eine Reise in Nicht-Euro-Länder knüpfen Sie Scheine in der jeweiligen Landeswährung ein.

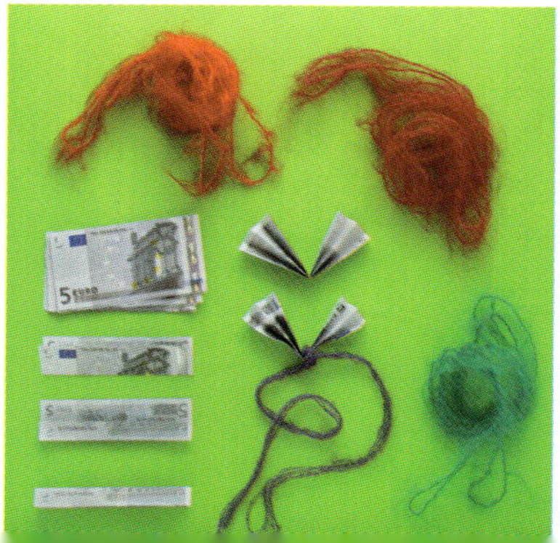

Black and White

Ziehen Sie Ihrem Geschenk doch mal ein schwarz-weißes Harlekinskostüm an! Verziert mit funkelnden Glitzerpailletten stellt es alle andern Gaben in den Schatten.

- ➔ Das Geschenk (am besten geeignet ist ein halbrundes Geschenk) in das Seidenpapier einpacken, an der Unterseite mit Klebefilm fixieren.
- ➔ Schwarze und weiße Förmchen mit Klebestift halbkugelförmig auf das Seidenpapier kleben.
- ➔ Mit Streuglitzer oder Pailletten dekorieren.

MATERIAL:

- Seidenpapier in Weiß
- Pralinenförmchen in Schwarz und Weiß
- Streuglitzer oder Pailletten in Silber
- Klebefilm
- Klebestift

TIPP

Bei rechteckigen Geschenken können Sie die Pralinenförmchen nur auf die Oberseite kleben, auf Glitzer verzichten und stattdessen das ein oder andere Förmchen mit einer Praline füllen. Vorsichtig transportieren!

Muffin ohne Kalorien

Mit einem Muffin aus bunten Blüten und Blumen können Sie guten Gewissens auch ein Geschenk für eine Freundin verzieren, die gerade auf Diät ist. Die „Backzutaten" finden Sie in der Natur.

➔ Das Material bereitlegen. Den Steckschaum mit dem Cutter auf die passende Größe zurechtschneiden. Mit der Zange ein kleines Stück Blumendraht abzwicken.

➔ Aus dem Birkenreisig ein Minikränzchen drehen und mit dem Draht fixieren.

➔ Den Steckschaum in das Förmchen setzen, das Reisigkränzchen obendrauf legen. Mit der Ahle Stecklöcher in den Schaum bohren und vorsichtig die Blüten einstecken.

MATERIAL:

- Buntes Muffinförmchen
- 1 kleines Stück Steckschaum
- etwas Birkenreisig
- bunte Blümchen und Blüten (z. B. Primel, Gänseblümchen, Vergissmeinnicht)
- Cutter
- Zange
- Blumendraht
- Schere
- Ahle

TIPP

Wenn Sie den Steckschaum vorher etwas wässern, hat die Beschenkte länger Freude an ihrem Blumenmuffin.

Alternativ:
Für ein festliches Weihnachtsgeschenk bestücken Sie das Förmchen mit Christrosen.

Knalleffekt inklusive

Wetten, dass kaum ein Geburtstagskind der Versuchung widerstehen kann, nach dem Auspacken die Geschenktüte aufzublasen und mit einem lauten Knall platzen zu lassen? Das wird ein Spaß!

→ Das Material auf einer alten Zeitung oder ähnlichen Unterlage bereitlegen. Die Bänder auf gleiche Länge zurechtschneiden.

→ Die Butterbrottüte auf Vorder- und Rückseite mit den Wachsmalstiften bunt bemalen.

→ Das Geschenk vorsichtig hineinlegen, damit das Papier nicht reißt. Die Geschenkbänder übereinanderlegen und die Tüte damit oben zubinden; nach Belieben zu einer Schleife binden.

MATERIAL:

- 1 Butterbrottüte
- Geschenkbänder in verschiedenen Farben
- Wachsmalstifte
- Schere

TIPP

Diese Verpackung für ein Geschenk zum Kindergeburtstag schafft Ihr Kind ganz alleine, nur beim Zubinden müssen Sie eventuell helfen.

Mit Musik geht alles besser

Perfekt für große und kleine Musikfans: Eingewickelt in Notenpapier bekommt jedes Geschenk eine im wahrsten Sinne persönliche Note – und der Schenkende dafür die Note 1!

➔ Das Notenblatt mit einem Fotokopiergerät (eventuell im Copyshop) auf DIN A3 vergrößern.

➔ Die A3-Kopie, Geschenkband, Schleifchenband und Klebefilm bereitlegen. Die beiden Bänder auf die gleiche Länge zurechtschneiden.

➔ Das Geschenk in die Kopie einwickeln, mit Klebeband fixieren. Das Schleifchenband über das Geschenkband legen, der Länge nach um das Geschenk legen und mit einer Schleife festbinden.

MATERIAL:

- 1 Notenblatt DIN A4
- Geschenkband in Rot
- Buntes Schleifchenband
- Klebefilm
- Schere

TIPP

Macht der Beschenkte selbst Musik, wählen Sie für das Notenblatt ein Stück, das er auf seinem Instrument spielen kann – vielleicht revanchiert er sich mit einer kleinen Melodie!

Sing, Vöglein, sing!

Musikfreunde werden diese reizende Verpackung lieben und das Geschenk in den höchsten Tönen loben. Eigentlich ist es fast zu schade zum Auspacken!

- ➔ Geschenkpapier, Deko-Vogel, Silberstift, Silbergarn, Klebefilm, Schere und kleinen Ast bereitlegen.
- ➔ Das Geschenk in das schwarze Papier einpacken, mit Klebefilm fixieren. Das Silbergarn fünfmal als Notenlinien mittig um das Geschenk wickeln und am Geschenkboden mit Klebefilm fixieren.
- ➔ Mit dem Silberstift Musiknoten auf das Papier malen.
- ➔ Den Vogel an den Ast klemmen und mit der Heißklebepistole am Geschenk befestigen.

MATERIAL:

- Geschenkpapier in Schwarz
- kleiner Deko-Vogel mit Klemmfuß (Christbaumschmuck)
- dünnes Silbergarn
- kleiner Ast
- Silberstift
- Heißklebepistole mit Klebepatronen
- Klebefilm
- Schere

TIPP

Bei einem größeren Geschenk können Sie auch einen Auszug aus einem Notenblatt aufzeichnen. Wählen Sie dazu ein Lieblingsstück oder -lied des Beschenkten.

Bitte recht natürlich!

Das exotische Bananenblatt, kombiniert mit feinem Bast und einem zarten Geschenkband als kräftigem Farbtupfer, macht Lust auf Natur und Garten. Eine stimmungsvolle Geschenkverpackung für alle Hobbygärtner und Naturfreunde.

➔ Alle Materialien und die Geschenke bereitlegen. Das Bananenblatt in zwei gleich große Stücke schneiden.

➔ Geschenke einzeln in die Blatthälften wickeln, den Bindebast öffnen.

➔ Zuerst beide Blatthälften so mit dem Bindebast zusammenbinden, dass sie an einem Ende aufeinanderliegen und am anderen leicht auseinandergehen. Dann das Geschenkband um beide Blätter legen und mit einer Schleife festbinden, dabei den Bast in der Mitte einbeziehen.

MATERIAL:

- 1 Bananenblatt (Asia-Laden)
- breites Geschenkband in Pink
- Bindebast für den Garten
- Schere

TIPP

Mit dem Natur-Geschenkpapier Bananenblatt lassen sich auch allerlei Köstlichkeiten für die asiatische Küche stilecht verpacken.

Ländlicher Wegweiser

Mit ein paar Schnürsenkeln, einer Landkarte und einem passenden Anhänger wird ein zünftiges Paket geschnürt, das Reise- und Wanderfreunden den rechten Weg weist.

➔ Eine Landkarte in der gewünschten Größe in Farbe kopieren und das Geschenk damit einpacken. Anschließend in dünnes Seiden- oder Butterbrotpapier einschlagen und mit Klebefilm fixieren.

➔ Das Päckchen mit den Schnürsenkeln (eventuell zwei aneinanderknoten) kreuz und quer umwickeln und die Enden verknoten.

➔ Zuletzt einen kleinen Anhänger wie Kompass, Taschenmesser oder Flaschenöffner an das Geschenk binden bzw. unter die Schnürsenkel schieben.

MATERIAL:

- Atlas, Landkarte o. Ä.
- Seidenpapier oder Butterbrotpapier
- 1–2 lange Schnürsenkel in Rot
- 1 Anhänger wie Kompass, Taschenmesser, Flaschenöffner o. Ä.
- Schere
- Klebefilm

TIPP

Bei einem derart verpackten Geschenk juckt es jeden Wandervogel in den Füßen. Für einen Globetrotter nehmen Sie eine Weltkarte oder eine Karte des Landes, das er als nächstes bereisen möchte.

Schnittiger Silberpfeil

Kühles Silber und feines Leder – das weckt Erinnerungen an die legendären Silberpfeile. Mit Kugelschreiber lassen sich kleine Flitzer in die Folie „eingravieren". Große und kleine Jungs werden von dieser Verpackung hingerissen sein.

- ➔ Metallfolie, Kugelschreiber, Lederbänder und Schere bereitlegen.
- ➔ Die Vorlagen für die Autos kopieren und ausschneiden. Die Metallfolie auf eine weiche Unterlage legen. Die Schablonen darauflegen und mit der leeren Mine des Kugelschreibers mit etwas Druck die Konturen nachziehen.
- ➔ Das Geschenk in die Metallfolie rollen, diese an beiden Enden mit der Schere einschneiden, sodass sie nach innen geklappt werden kann. Zuletzt die beiden Lederbänder über Kreuz um das Geschenk legen und mit einer Schleife festbinden.

MATERIAL:

- dünne Metallfolie in Silber
- feine Lederbänder in Gelb und Blau
- weiche Unterlage (z. B. feste Filzplatte)
- Kugelschreiber mit leerer Mine
- Schere

VORLAGE S. 123

TIPP

Auf die gleiche Art können Sie die Metallfolie auch mit anderen Motiven verzieren. Wählen Sie das Motiv passend zum Inhalt.

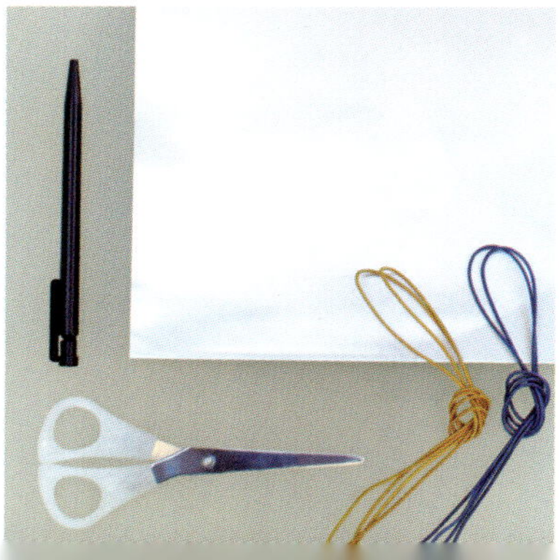

Festliche Anlässe

Zu Familienfesten oder im Jahreskreis darf es gerne etwas Besonderes sein. Freuen Sie sich auf ausgefallene Verpackungsideen, die ankommen!

Geburtstagstortentüte

Keine Zeit für eine Geburtstagstorte? Kein Problem! Diese appetitliche Torte kriegen Sie mit Filzstiften schnell gebacken. Und das Tütchen gleich dazu.

➔ Die Vorlagen für Tüte und Torte kopieren und ausschneiden. Auf das Geschenkpapier bzw. den Papierrest legen, den Rand mit Bleistift umfahren und ausschneiden. Die Falzlinien für die Tüte einzeichnen.

➔ Die ausgeschnittene Torte mit den Filzstiften bunt bemalen.

➔ Das Geschenkpapier an den gestrichelten Linien falzen und an den Klebestellen mit Klebstoff oder doppelseitigem Klebeband zu einer Tüte zusammenkleben.

➔ Die Torte mit den Abstandsklebepads oder kleinen Quadraten aus Moosgummi und doppelseitigem Klebeband auf die Tüte kleben.

➔ Die beiden Baststücke als Henkel an der Innenseite der Tüte mit Klebefilm fixieren.

MATERIAL:

- Geschenkpapier mit bunten Punkten
- Papierrest in Weiß (Torte)
- 2 gleich lange Raffia-Baststücke in Hellgrün
- 4 Abstandsklebepads oder ein kleiner Rest Moosgummi
- Filzstifte in Pink, Grün und Gelb
- Falzbein
- Schere
- Bleistift
- Klebestift
- ggf. doppelseitiges Klebeband
- Klebefilm

VORLAGE S. 124

Die versteckte Geburtstagskerze

Diese Geburtstagskarte hat's in sich: Wenn man sie aufklappt, kommt eine Geburtstagskerze zum Vorschein – das i-Tüpfelchen auf einem kunterbunten Geschenk!

➔ Für die Karte eine Schablone anfertigen, diese auf den Fotokarton legen und den Rand mit Bleistift umfahren. Die Positionen für die Falzlinien (von oben bei 8 cm, 16 cm und 21,6 cm) markieren und die Falzlinien einzeichnen.

➔ Die Karte ausschneiden und an den Falzlinien bei 8 und 16 cm nach innen falzen. An der Falzlinie bei 21,6 cm eine Kerze mit Docht und Flamme einzeichnen und deren Kontur oberhalb der Falzlinie mit dem Cutter ausschneiden. Die Falzmarkierungen wegradieren.

➔ Den Falz bei 21,6 cm nach außen falzen, dabei den Bereich der Kerze auslassen. Die Kerze mit Bleistift nach unten verlängern und ausmalen. Unter der Kerze und auf der Rückseite des oberen Kartenteils Pailletten aufkleben.

➔ Das Geschenk in Geschenkpapier verpacken, das hellblaue Band über Kreuz herumlegen und mit einer Schleife festbinden. Die zugeklappte, beschriftete Karte mit den Pailletten nach oben unter das Band schieben.

MATERIAL:

- Fotokarton in Weiß (mindestens 28 x 6 cm)
- Pailletten in Rot, Gelb und Orange
- festes Geschenkpapier mit bunten Punkten
- Geschenkband in Hellblau
- Lineal mit rechtem Winkel
- Bleistift
- Cutter
- Radiergummi
- dicke Filzstifte in Rot und Orange
- Falzbein
- Klebestift

VORLAGE S. 125

Sternstunde für Jubilare

Mit dieser Riesen-Tüllschleife kommen auch kleine Geschenke ganz groß raus! Der Glanz der Glitzersterne wird sich in den Augen der Jubilarin spiegeln – garantiert!

➔ Das Material bereitlegen. Die beiden Geschenkbänder passend vorbereiten. Die kleine Dose oder Schachtel in Geschenkpapier einpacken, ein Stück schmales Geschenkband darumlegen und verknoten. Das breite Tüllband um eine Postkarte o. Ä. wickeln, dann vorsichtig abnehmen.

➔ Das Tüllband mit dem restlichen Geschenkband wie abgebildet zusammenbinden und das Geschenkband verknoten. Das Tüllband nun auf den Bänderknoten der Geschenkbox legen und mit den Enden des schmalen Geschenkbandes zusammenknoten, sodass das breite Band nach beiden Seiten große, offene Schlaufen bildet. Gut nachziehen und einen zweiten Knoten binden. Die Schlaufen mit dem Zeigefinger rechts und links herausziehen und nach oben drehen, sodass sie schön bauschig werden. Das schmale Geschenkband abschneiden.

➔ Mit dem Glitzerstift die Geburtstagszahl auf eine Seite des Geschenks schreiben und trocknen lassen.

MATERIAL:

- Geschenk in kleiner Dose oder Schachtel
- breites Tüllband mit Sternchen in Gold
- 2 Stücke schmales Geschenkband in Gold
- Glitzerstift in Silber oder Gold
- Geschenkpapier in Hellgrün
- Postkarte o. Ä.
- Schere

TIPP

Sehr edel wirkt die Verpackung mit schwarzem Geschenkpapier und silbernen Geschenkbändern – und kommt so auch bei männlichen Jubilaren an.

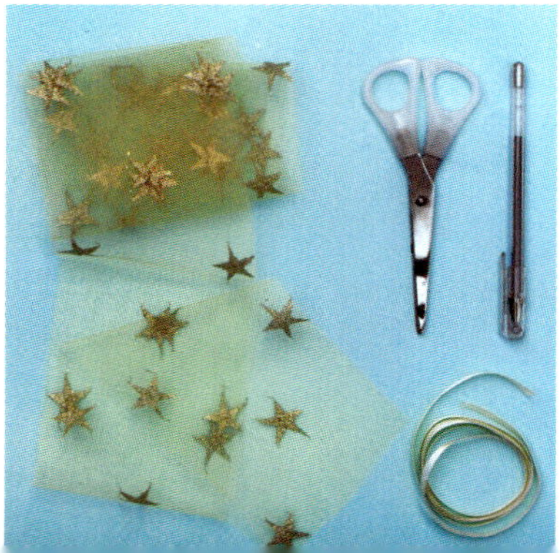

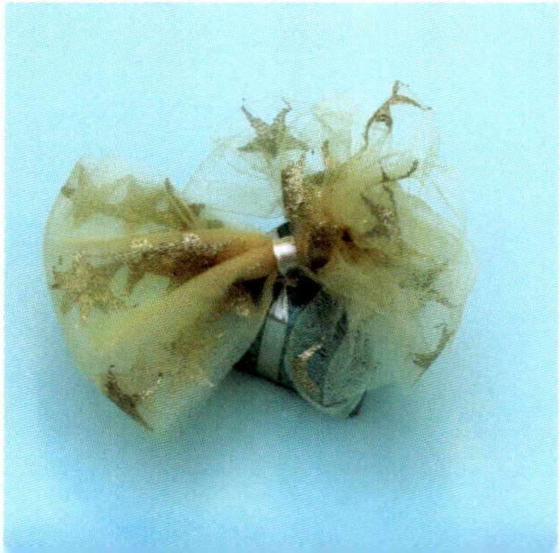

40

50

Mit Brief und Siegel

Achtung, streng geheim! Der Inhalt ist nur für das Geburtstagskind bestimmt – vielleicht eine Urkunde für die beste Mama der Welt oder womöglich Flugtickets für einen tollen Wochenendtrip?

→ Das Geschenk, z. B. eine Urkunde, mittig auf das Aquarellpapier legen. Das Papier hochkant hinlegen. Zuerst das obere Ende nach unten klappen, dann das untere überlappend nach oben. Das Aquarellpapier (nicht die Urkunde!) nun an den beiden Seiten je zweimal lochen.

→ Die Kordel über Kreuz durch die vier Löcher ziehen und vorn mit einem Doppelknoten fixieren. Die Kordelenden auf die gleiche Länge kürzen.

→ Etwas Siegellack unterhalb des Doppelknotens auf die herabhängende Kordel geben und das Siegel hineindrücken, um die Kordel zu fixieren.

→ Mit der Aquarellfarbe die Jubiläumszahl auf den Rest Aquarellpapier malen, das Schildchen kreisrund ausreißen und die Kanten kurz anbrennen. Anschließend unterhalb der Kordel aufkleben.

MATERIAL:

- Aquarellpapier in A4
- kleiner Rest Aquarellpapier
- schmale Kordel in Rot
- Siegellack
- Siegel
- Locher bzw. Lochzange
- Klebstoff
- Aquarellfarbe in Rot
- Aquarellpinsel
- Feuerzeug
- Schere

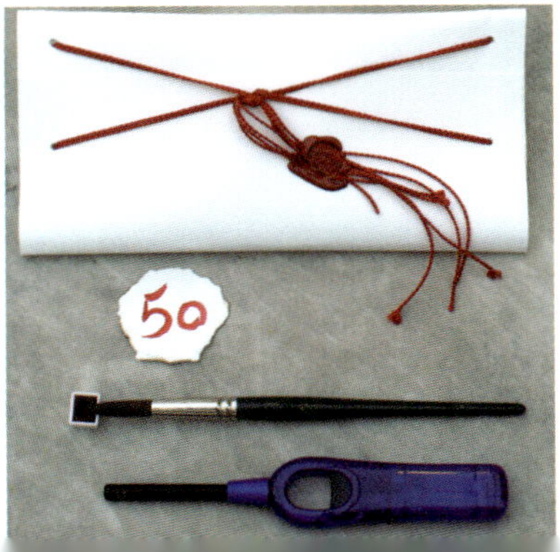

Herzen zum Valentinstag

Große und kleine Herzen und anmutige Tänzerinnen machen dieses Präsent so herrlich leicht und beschwingt – genau das Richtige für den Valentinstag!

- ➔ Das Geschenk in das Geschenkpapier einpacken und mit Klebefilm fixieren.
- ➔ Mit den Motivlochern kleine Tänzerinnen sowie große und kleine Herzen aus dem Buntpapier stanzen.
- ➔ Mithilfe der Pinzette und dem Klebestift die Herzen und Tänzerinnen auf das Geschenk kleben, dabei mal die farbige, mal die weiße Seite des Papiers verwenden.
- ➔ Das Geschenkband über Kreuz um die Verpackung legen und mit einem Schleifchen zubinden.

MATERIAL:

- Geschenkpapier in Rot
- Buntpapier in Pink mit weißer Rückseite
- schmales Geschenkband in Violett
- 1 großer Motivlocher Herz
- je 1 Mini-Motivlocher Herz und Tänzerin
- Schere
- Pinzette
- Klebefilm
- Klebestift

Liebeserklärung

Schon wieder Blumen zum Valentinstag? Sagen Sie „Ich liebe dich“ doch mal zur Abwechslung mit einem Strauß aus roten Herzlollis in einem hübschen Gefäß – zum Dahinschmelzen!

➔ Die Herzlutscher mit der Klebepistole in die Strohhalme kleben.

➔ Die Strohhalme auf die passende Länge kürzen.

➔ Die beiden Geschenkbänder übereinanderlegen, locker um den Strauß schlingen und mit einer Schleife zusammenbinden. Den Lollistrauß in das Gefäß stellen.

MATERIAL:

- Mehrere Herzlutscher
- dicke Strohhalme in Rot
- breites Geschenkband in Rot (passend zum Gefäß)
- schmales Geschenkband in Pink
- Heißklebepistole
- Schere

TIPP

Für einen Kindergeburtstag können Sie lustige Motivlutscher, passend zum Geschenk, verwenden. Die Mama wird es Ihnen danken, wenn es zuckerfreie Lollis sind.

Zuckersüße Hochzeitsgrüße

Ist diese Verpackung nicht zum Vernaschen süß? Bunte Blüten und Blätter aus Zuckerdekor und die üppige Schleife machen das Geschenk zu einem unwiderstehlichen Hingucker auf dem Tisch des Hochzeitspaares.

➔ Das Geschenk in das weiße Lackpapier einpacken, mit Klebefilm fixieren. Die Blümchen und anderen Motive aus Zuckerguss bereitlegen.

➔ Den Zuckerdekor mit der Heißklebepistole nach Belieben auf das Geschenk kleben.

➔ Ein weißes und ein rosafarbenes Geschenkband auf gleiche Länge zurechtschneiden, übereinanderlegen, über Kreuz um das Geschenk binden und oben verknoten. Von der rosafarbenen und der weißen Bandrolle mehrere gleich lange Bänder für eine große Schleife abschneiden, in mehreren Lagen übereinanderlegen und die Schleife mittig auf das Päckchen binden. Zuletzt die einzelnen Schlaufen mit dem Finger herausziehen und aufbauschen. Die Bandenden schräg abschneiden.

MATERIAL:

- Lackpapier in Weiß
- Tortendekoration aus Zuckerguss (z. B. Blümchen in verschiedenen Größen und Blätter)
- 2 breite transparente Geschenkbänder in Weiß und Rosa
- Heißklebepistole mit Patronen
- Klebefilm

Kleine Kostbarkeit zur Hochzeit

Ausgesprochen vornehm wirkt diese Geschenkschachtel mit ihrer harmonischen Farbgebung und der zarten weißen Blüte. Schöner kann Schenken zur Hochzeit kaum sein!

- ➔ Die Vorlage für die Faltschachtel kopieren und ausschneiden. Auf das Tonpapier legen und den Rand mit Bleistift umfahren. Ausschneiden und an den Faltkanten vorsichtig mit dem Messerrücken oder einem Falzbein falzen.
- ➔ Die Schachtel zusammenfalten und mit Klebstoff fixieren. Achtung: Den Deckel nicht festkleben.
- ➔ Zuletzt das Satinband über Kreuz um die gefüllte Schachtel legen und zu einer Schleife binden. Die Blütenknospe mit Heißkleber auf den Deckel der Faltschachtel kleben.

MATERIAL:

- glänzendes Tonpapier in A4
- schmales Satinband in Violett
- weiße Blütenknospe aus Stoff
- Messer oder Falzbein
- Klebestift
- Heißklebepistole mit Klebepatronen
- Schere

VORLAGE S. 126

TIPP

Fixieren Sie die Klebestellen der Faltschachtel mit Wäscheklammern, bis der Klebstoff getrocknet ist.

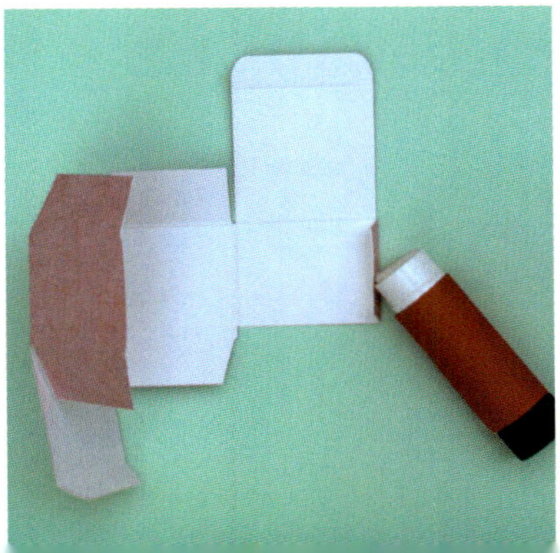
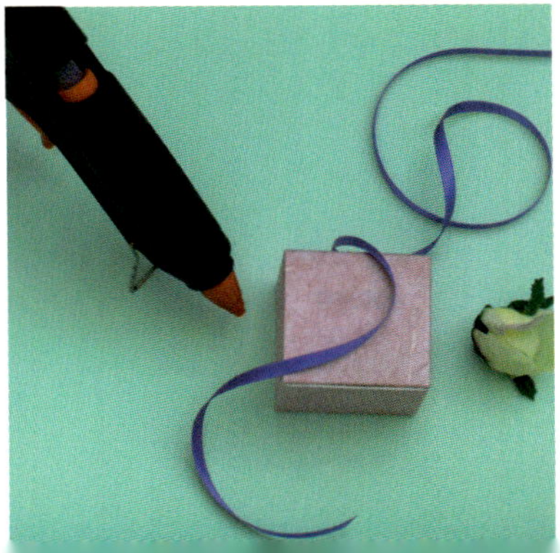

Duftige Spitze zur Taufe

Breites Spitzenband und glänzendes Lackpapier machen dieses Taufgeschenk zum absoluten Blickfang – ein Schnuller für den kleinen Erdenbürger inklusive.

- Geschenkpapier, Spitzenband, Schnuller, Schere und Klebefilm bereitlegen.
- Das Spitzenband in der Mitte in mehrere Schlaufen legen und die Schleife von unten mit dem Hefter fixieren.
- Das Geschenk in Lackpapier einpacken. Das Spitzenband so herumlegen, dass die Schleife oben in der Mitte liegt. Die Bandenden an der Unterseite mit Klebefilm fixieren und passend abschneiden. Das schmale Geschenkband mit eingehängtem Schnuller an der Spitzenschleife festknoten. Zuletzt die einzelnen Schlaufen mit dem Finger gleichmäßig aufbauschen.

MATERIAL:

- Lackpapier in Rosa oder Hellblau
- schmales Geschenkband in Rosa oder Hellblau
- 1 langes Stück breites Spitzenband in Weiß
- Schnuller
- Schere
- Hefter
- Klebefilm

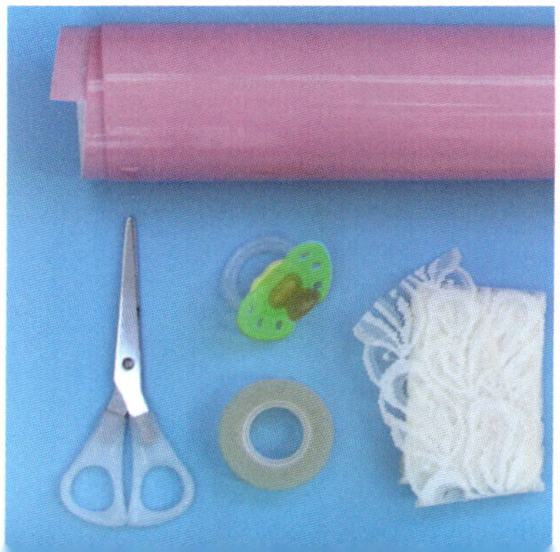

Blumige Osterüberraschung

Ausgeblasene und handbemalte Eier machen nicht nur am Osterstrauß eine gute Figur. Auch als Geschenkanhänger kommen sie ganz groß raus.

- ➔ Auf die ausgeblasenen Eier mit Nagellack fünfblättrige Blumen aufmalen. Gut trocknen lassen.
- ➔ Auf das Tonpapier mit Bleistift drei fünfblättrige Blumen zeichnen und ausschneiden. Die Blumen mit der Lochzange mittig lochen und mit Filzstift auf jedes Blütenblatt ein Pünktchen malen.
- ➔ Die beiden Eier auf je ein Stück Satinband fädeln, das Band auf der Unterseite mit einer Perle und einem Knoten fixieren. Oben eine Schleife zum Aufhängen binden. Jede Blume ebenfalls auf ein Stück Satinband fädeln und auf der Unterseite mit einem Knoten befestigen.
- ➔ Das Geschenk in das Geschenkpapier einpacken, das breite Geschenkband einmal herumlegen und mit einer großen Schleife festbinden. Zuletzt die Eier und Blumen daran befestigen.

MATERIAL:

- Geschenkpapier in Türkis
- Rest Tonpapier in Hellblau
- breites transparentes Geschenkband in Weiß
- dünnes Satinband in Türkis
- 2 ausgeblasene Eier
- Nagellack in Rot
- 2 größere Glasperlen in Türkis
- Bleistift
- Filzstift in Pink
- Schere
- Lochzange

Ei, ei, ei – bunte Osterflechterei

Ein bisschen aufwendig ist die bunte Flechtverpackung schon – aber wetten, dass sie der Star auf dem Ostertisch wird?

➔ Geschenkpapier, Seidenbänder, Schere und Klebefilm bereitlegen.

➔ Das Geschenkpapier für das Geschenk zurechtschneiden und ein Osterei in der gewünschten Größe so ausschneiden, dass es später mittig auf dem Geschenk liegt.

➔ Die Bänder auf die passende Länge zurechtschneiden und wie abgebildet zu einem Rechteck flechten. Das Rechteck muss so groß sein, dass es hinter den eiförmigen Ausschnitt passt. Den kleinen Bänderteppich anschließend gut mit Klebefilm fixieren.

➔ Das Geschenk in das Geschenkpapier einpacken, mit Klebefilm fixieren. Das hellgrüne Geschenkband seitlich um das Geschenk legen und oben mit einer Schleife festbinden. Die Deko-Blume daran befestigen.

MATERIAL:

- festes Geschenkpapier in Grün
- schmale Seidenbänder in verschiedenen Farben
- schmales Geschenkband in Hellgrün
- kleine Deko-Blume mit Drahtstiel
- Schere
- Klebefilm

TIPP

Wenn Sie wenig Zeit haben, verwenden Sie breitere Bänder. Damit geht das Flechten schneller von der Hand.

Alles Gute zum Muttertag!

Diese Geschenke kommen von Herzen und man sieht auch gleich, von wem. Die laminierten Fotos von ihren Kleinen lassen jedes Mutterherz höher schlagen.

- ➔ Von den Kinderfotos schwarz-weiße Fotokopien machen, mit dem Laminiergerät laminieren und mit der Zackenschere den Rand dekorativ abschneiden.
- ➔ Die laminierten Fotos oben an einer Ecke lochen.
- ➔ Auf das Tonpapier Herzen malen und ausschneiden. Die Herzen mit der Lochzange lochen und ein Stück Geschenkband durchziehen. Die Herzen zusammen mit den laminierten Fotos als Anhänger an das individuell verpackte Geschenk knoten.

MATERIAL:

- Rest Tonpapier
- Kinderfotos
- dünnes Geschenkband
- Laminiergerät und Laminierfolie (Stärke: 80 mic)
- Zackenschere
- Locher oder Lochzange

TIPP

Bitte helfen Sie Ihren Kindern beim Laminieren, da durch die Hitzeentwicklung an einigen Geräteteilen Verbrennungsgefahr besteht! Falls Sie kein Laminiergerät haben, können Sie die Fotos auch im Copyshop laminieren lassen.

Zart gestempelt

Mit diesem selbst gemachten Schneeflockenpapier kann der Winter kommen. Sie brauchen nur einen Motivstempel und Stempelfarbe – und schon beginnt der Tanz der Schneeflocken.

→ Geschenkpapier, Stempel, Farbe und Schaumstoffrolle bereitlegen.

→ Die silberne Farbe in ein flaches Gefäß geben, die Schaumstoffrolle darin mehrmals abrollen, sodass die Oberfläche gut mit Farbe bedeckt ist. Anschließend den Motivstempel sorgfältig mit der Farbe bestreichen.

→ Das Geschenkpapier mit dem Motivstempel bedrucken, auf eine gleichmäßige Verteilung des Dekors achten. Bei Bedarf neue Farbe auf den Stempel auftragen. Die Farbe gut trocknen lassen.

→ Die Geschenke mit dem Stempelmusterpapier einpacken und mit farblich passenden Geschenkbändern und -kordeln verzieren.

MATERIAL:

- festes einfarbiges Geschenkpapier
- ein oder mehrere Motivstempel Schneeflocke
- Acrylfarbe in Silber
- weiche Schaumstoffrolle
- flaches Gefäß für die Farbe

TIPP

Verzieren Sie ein breites Geschenkband mit kleinen Stempelmotiven. Beim Stempeln bitte eine farbundurchlässige Unterlage verwenden, da die Farbe evtl. durchdrückt.

Päckchenglück im Lichterglanz

Verschenken Sie Weihnachtsfreude mit dieser stimmungsvollen Kombination aus Advents- und Luciakranz – und das ganz ohne Brandgefahr!

- ➔ Alle Utensilien sowie eine Tee- oder Kaffeetasse und eine Untertasse bereitlegen.
- ➔ Mithilfe der Tasse und der Untertasse je einen Ring aus zwei konzentrischen Kreisen auf das rote und weiße Tonpapier zeichnen.
- ➔ Die Ringe mit kleinen Bögen und Wellen ausschneiden.
- ➔ Aus weißem und rotem Tonpapier jeweils vier Kerzen mit Flamme ausschneiden. Das untere Ende ein Stück umklappen. Die vier Kerzen jeweils gleichmäßig auf einen Kranz in der anderen Farbe verteilen und ankleben.
- ➔ Die Geschenke in Geschenkpapier einpacken, mit Geschenkband oder Kordel verzieren und die Adventskränze wie abgebildet aufkleben.

MATERIAL:

- Geschenkpapier in Rot und Weiß
- Geschenkband in Rot
- Tonpapier in Rot und Weiß
- Kordel in Rot-Weiß
- Bleistift
- Schere
- Klebestift

TIPP

Selbstverständlich können Sie die Adventskränze in beliebigen Farbkombinationen herstellen.

Weihnachtliche Glitzerkugeln

Diese selbst gefertigten Kugeln und Troddeln sind ein echter Hingucker auf jedem Weihnachtspräsent. Binden Sie sie einzeln oder zu mehreren an Ihre Päckchen.

➔ Für eine Kugel aus Geschenkpapier zehn Kreise mit einem Ø von ca. 5 cm ausschneiden. Für jede Troddel aus dem Schreibmaschinenpapier ein 15 x 7 cm großes Rechteck ausschneiden.

➔ Die zehn Kreise aufeinanderlegen und mit der Nähmaschine einmal gerade über die Mitte nähen, das untere Fadenende verknoten, den oberen Faden etwas länger lassen und daraus eine Schlaufe zum Aufhängen binden. Für die Troddeln an der langen Seite des Rechtecks ca. 11 cm tiefe Fransen einschneiden. Am Ende des Papierstreifens einen 2 cm breiten Steg zuschneiden. Den Streifen vom anderen Ende her aufrollen und den Steg außen eng um die Fransen legen.

➔ Den Steg fest mit Nähgarn umwickeln, verknoten und aus den Fadenenden eine Schlaufe zum Aufhängen binden. Die Kreise zu einer Kugelform auffächern. Die Kanten mit Klebstoff bestreichen und mit Flitter bestreuen.

MATERIAL:

- einfarbiges Geschenkpapier in mehreren Farben
- Schreibmaschinenpapier in Weiß
- Streuflitter in Silber oder Gold
- Nähmaschine
- Nähgarn in Weiß
- Bleistift
- Schere
- Klebstoff
- Zirkel oder Trinkglas mit Ø 5 cm

TIPP

Die Troddeln silbern anmalen oder an den Enden mit etwas Flitter bestreuen.

Sternenpäckchen

Was gibt es Symbolträchtigeres, als einem lieben Menschen zu Weihnachten einen Stern vom Himmel zu holen und an ein Weihnachtspäckchen zu heften?

- ➔ Mit Bleistift und Lineal Quadrate in unterschiedlichen Größen gemäß Vorlage auf das weiße und rote Tonpapier zeichnen.
- ➔ Die Quadrate ausschneiden und dreimal diagonal falten, sodass ein kleines Dreieck entsteht. Mit der Schere dekorative Muster in die Dreiecke schneiden, dabei an der offenen Kante beginnen.
- ➔ An den Längsseiten der Dreiecke zur Spitze hin kleine Quadrate oder Halbkreise ausschneiden. Sind alle Seiten mit Mustern versehen, den Stern vorsichtig öffnen und glatt streichen. Gegebenenfalls an den Spitzen etwas nacharbeiten.
- ➔ Die Sterne einzeln oder zu zweit auf die eingepackten Geschenke legen oder unter das Geschenkband schieben.

MATERIAL:

- rotes und weißes Tonpapier
- Bleistift
- Lineal
- Schere

VORLAGE S. 127

TIPP

Wählen Sie für das Geschenkpapier Kontrastfarben zu den Sternen oder schlichtes Paketpapier und verwenden Sie kontrastfarbige Geschenkband oder Kordeln. So kommen die Sterne noch besser zur Geltung.

Vorlagen

Frühlingsgruß mit Tulpe, S. 36

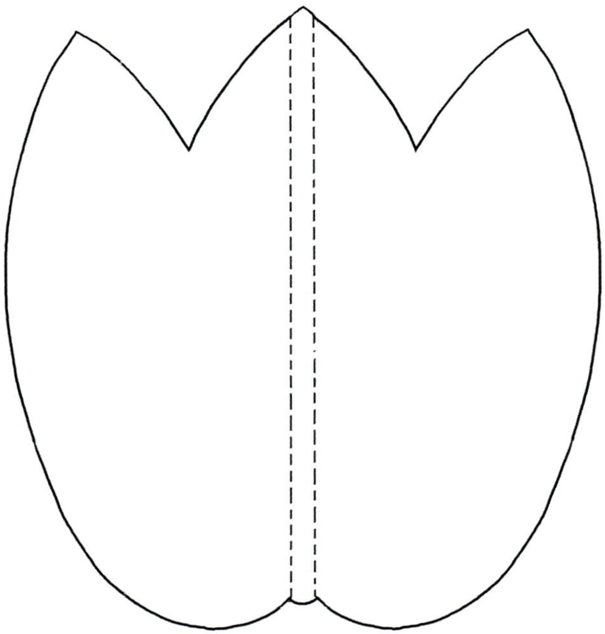

Überraschung für Glückspilze, S. 42

Überraschung für Glückspilze, S. 42

Bitte um
111 %
vergrößern

Gute Besserung!, S. 44

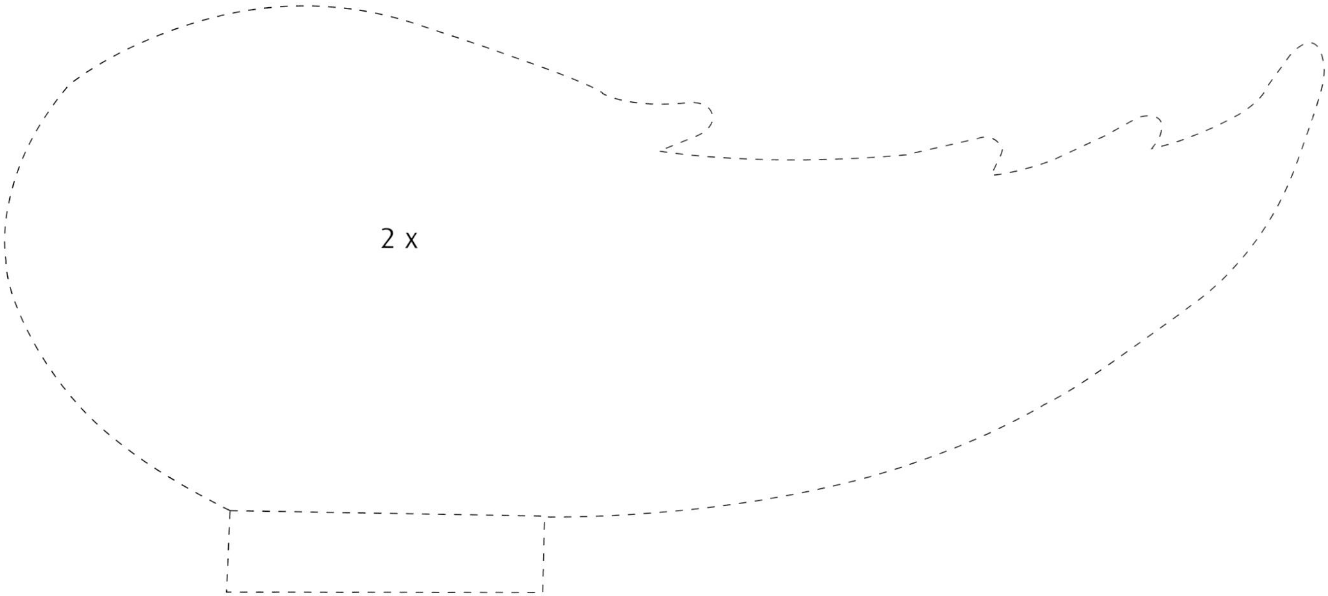

Ein Kleeblatt kommt selten allein, S. 48

Schnittiger Silberpfeil, S. 82

Geburtstagstortentüte, S. 86

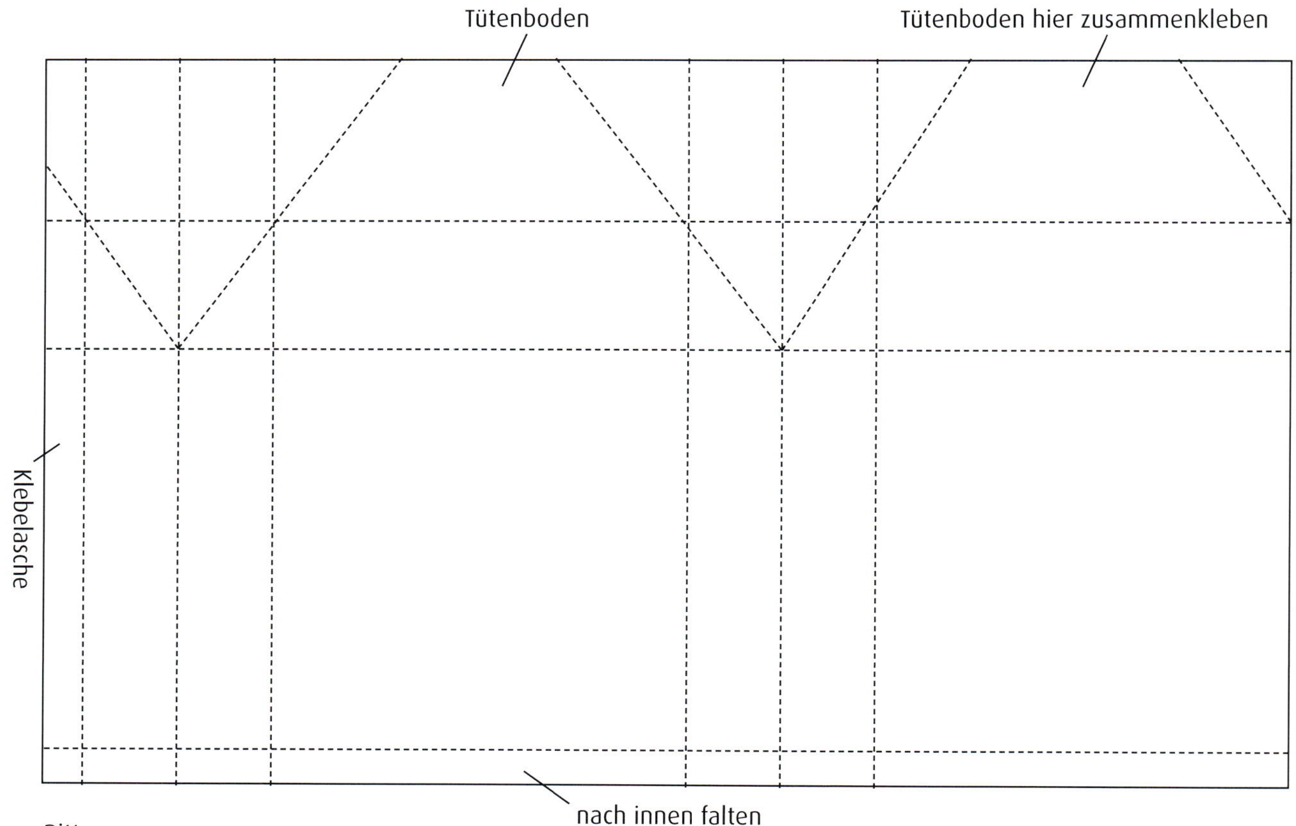

Bitte um
200 %
vergrößern

Die versteckte Geburtstagskerze, S. 88

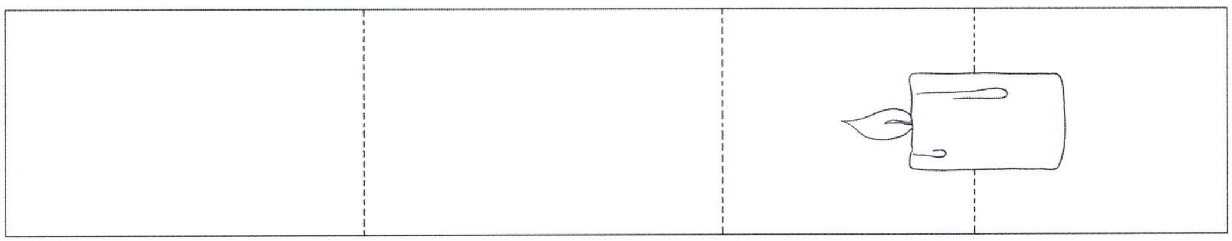

Bitte um 200 % vergrößern

Kleine Kostbarkeit zur Hochzeit, S. 100

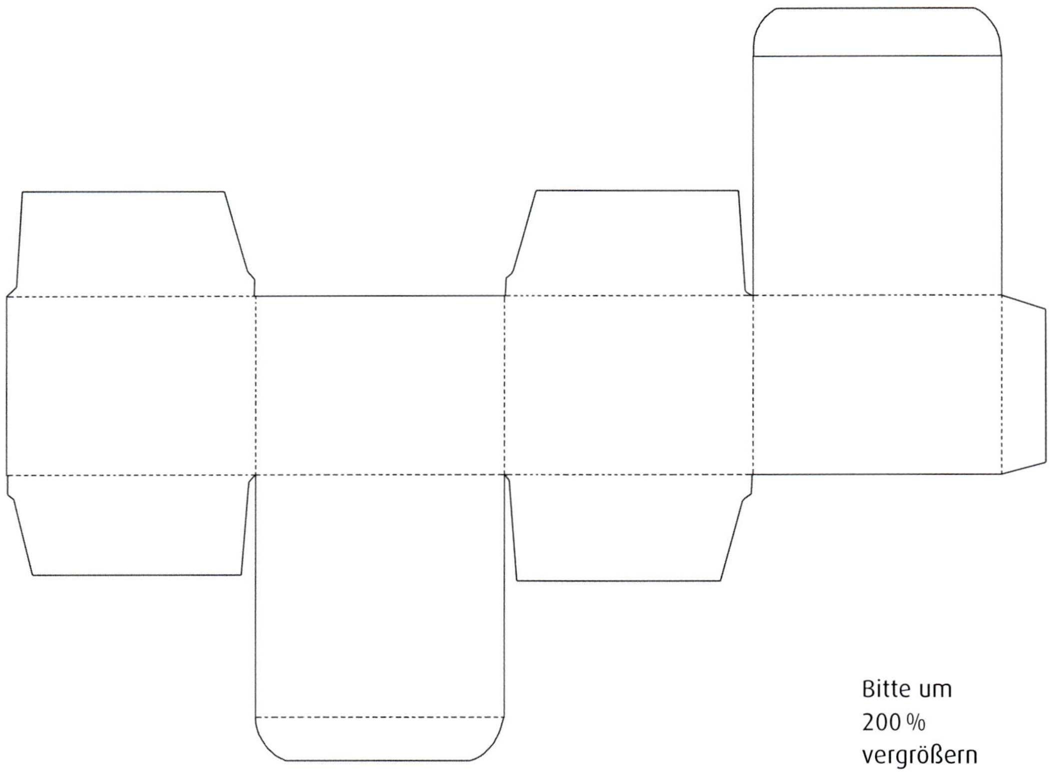

Bitte um
200 %
vergrößern

Sternenpäckchen, S. 116

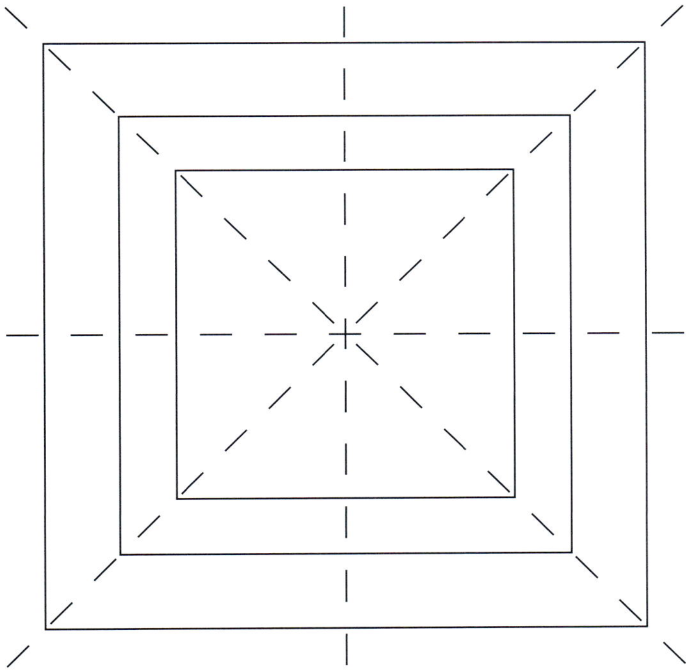

Register

Bildnachweis

Alle Fotos: Angela Francisca Endress